LE DERNIER DINOSAURE

Nous remercions le Dr Paul Sereno, professeur assistant du Department of Anatomy de l'Université de Chicago qui a bien voulu vérifier les données scientifiques.

Pour Bruce et Cindy Arruda (J.M.)
A Jason Hecock (M. W.)

Titre original : « The last dinosaure » (Scholastic Inc. New York)
Loi n° 49.956 du 16 juillet 1949 sur les publications destinées à la jeunesse : mars 1989
Dépôt légal : mars 1989
Imprimé en France par Tardy Quercy S.A. à Bourges
N° d'Imprimeur : 14924

LE DERNIER DINOSAURE

Texte de Jim Murphy, illustrations de Mark Alan Weatherby

Traduit de l'américain par Alain Broutin

l'école des loisirs

11, rue de Sèvres, Paris 6e

La fin des dinosaures

Pendant plus de 140 millions d'années, les dinosaures ont régné sur la planète. Ils étaient les maîtres partout : dans les forêts, au cœur des plaines, près des rivières et des marais. Ils étaient si nombreux que les autres espèces avaient de la peine à survivre. Seuls, de tout petits mammifères subsistaient dans leur voisinage, effrayés, se réfugiant sans cesse au sommet des arbres ou sous d'épais maquis.

Puis les dinosaures commencèrent à s'éteindre, et l'une après l'autre, toutes les espèces disparurent à jamais.

Pourquoi cette disparition ? Certains spécialistes des dinosaures pensent qu'ils ont succombé à une maladie mortelle. D'autres pensent qu'une énorme comète a dû heurter la Terre, faisant naître un épais nuage de poussière qui fit écran aux rayons du Soleil. La température de la Terre aurait alors baissé et les dinosaures n'auraient pas survécu à la faim et au froid.

Il est probable que de multiples facteurs – climat, nourriture, maladie – ont favorisé le déclin des dinosaures au fil des siècles. Par la suite, un événement exceptionnel, le choc avec une comète par exemple, a pu les achever. Les raisons de cette disparition ne sont pas toujours claires, mais nous en connaissons les effets. Les régions qui abritaient ces créatures se sont dépeuplées peu à peu pour s'ouvrir à de nouveaux conquérants.

Maintenant suivez cette histoire. Elle vous montrera ce que certains des derniers dinosaures ont vécu. Elle commence à l'aurore, il y a 65 millions d'années, tout à la fin de l'âge des dinosaures.

PEU À PEU le soleil se leva. Les premiers rayons qui pénétraient dans la forêt éclairaient l'enchevêtrement des pins, des sapins ciguës et des peupliers. Le bourdonnement des insectes s'apaisa. Les petits mammifères s'enfuirent pour se cacher.

Dans une clairière, une petite troupe de tricératops commençait la journée. Pour s'habituer à la lumière, la femelle tricératops cligna longtemps des paupières. Puis elle revint à l'énorme brassée de feuilles de palmier qu'elle venait d'arracher d'un cycadéoid.

Les feuilles étaient coriaces et pointues, mais le bec aux bords tranchants et les robustes dents les réduisaient en menus morceaux avalés aussitôt.

La femelle s'apprêtait à déchirer les feuilles d'un autre palmier, quand soudain, l'un des mâles tricératops rua, frappant rageusement des sabots sur le sol.

En broutant au pied d'un arbre, il s'était pris les cornes dans les sarments d'une vigne vierge. Il s'ébroua violemment pour se dégager, mais rien n'y fit. Alors il recula, se secoua en jetant la tête de tous côtés. A bout de souffle, toujours couvert de tiges, il s'arrêta en grognant faiblement.

Soudain, il baissa la tête et chargea l'arbre devant lui. Il le frappa de toutes ses forces, recula, puis revint à la charge. Il s'élança encore et encore. Au quatrième assaut, le tronc éclata, l'arbre vacilla. En s'ébrouant, l'animal se débarrassa de tous les sarments.

Toujours grognant, menaçant, il attendit que toutes les feuilles soient enfin tombées pour faire demi-tour et quitter la clairière.

C'était le mâle le plus fort de la troupe, le chef. C'est lui qui conduisait le jeune mâle et la femelle.

La petite troupe vagabonda à travers la forêt, en suivant la rivière dans laquelle elle s'abreuvait. Les tricératops prenaient tout leur temps. Ils s'arrêtaient souvent pour grignoter quelques feuilles de figuiers ou des pousses d'arbrisseaux. Le deuxième jour, ils arrivèrent sur un coteau couvert de fougères savoureuses. L'endroit était tranquille et frais. Ils s'arrêtèrent pour y brouter.

Soudain, il y eut un grand bruit. La femelle releva brusquement la tête. Elle écouta, scruta l'horizon. Depuis longtemps déjà, la troupe n'avait pas rencontré d'autres dinosaures. Cependant, la femelle restait prudente. Un tyrannosaure affamé aurait pu repérer leurs traces et les suivre, espérant surprendre l'un des leurs, égaré.

Les deux mâles, qui sentaient son inquiétude, se mirent à guetter à leur tour. Une libellule géante vint tournoyer autour d'eux et continua sa course. Un oiseau lança des appels saccadés. Puis la forêt retrouva son calme. Un tyrannosaure était-il à l'affût, tout près d'eux? Rien ne bougeait et le bruit avait disparu. Pourtant, la petite troupe n'était pas rassurée. Ils s'éloignèrent du coteau et continuèrent leur voyage.

Le jour suivant, ils arrivèrent au-dessus d'une vallée profonde. La rivière s'élargissait et formait une longue suite de chutes, de bassins et de rapides tourbillonnants. Le sentier serpentait dangereusement sur les berges, et par endroits plongeait en pentes abruptes. Malgré leur robuste taille, les tricératops passaient par les étroites corniches et franchissaient les blocs de roche avec souplesse.

La femelle tricératops huma quelque chose. Sa vue n'étant pas très perçante, elle se tourna face à l'étrange odeur. Des traînées de fumée s'avançaient par-dessus les arbres.

L'incendie, allumé par la foudre, avait pris dans la nuit. La femelle ne voyait pas le feu. Elle ne savait pas qu'il se dirigeait droit sur eux, mais la fumée s'épaississait, les étouffant de plus en plus. Les trois animaux abandonnèrent la place en trottant.

Pour fuir la fumée, ils galopèrent toute la nuit. Au petit matin, ils retrouvèrent la plaine. L'odeur semblait avoir disparu. Les deux mâles s'arrêtèrent, épuisés, et se penchèrent vers l'eau fraîche. La femelle continua sa course sur le sentier.

Plusieurs semaines s'étaient écoulées depuis qu'elle s'était accouplée avec le grand mâle tricératops. L'heure était venue de trouver un abri pour installer son nid.

Le grand mâle rua et grogna pour qu'elle revienne. Peine perdue; elle n'obéirait plus. Il fallait que le nid soit creusé et que les œufs soient pondus. Les mâles, cette fois-là, suivirent la femelle.

A deux kilomètres en aval, la forêt s'éclaircissait et la rivière se jetait dans un vaste marais. Des pachycéphalosaures au crâne bombé et des ankylosaures cuirassés étaient souvent venus là, se régalant des herbes et des joncs, mais il y avait longtemps déjà, si longtemps. Il ne restait pour accueillir la troupe que le squelette d'un anatosaure mort depuis des années, à moitié enfoui dans la vase.

La femelle avança prudemment sur les bords du marais. Elle trouvait le sol trop humide ou trop rocailleux pour installer son nid. Sur l'une des berges, elle découvrit un endroit sablonneux, assez chaud, entouré d'arbrisseaux.

Elle se mit à l'ouvrage aussitôt. Avec ses cornes, elle s'attaqua au sol, le creusa. Ses pattes rejetaient le sable derrière elle. Elle fit un trou large de deux mètres et profond de trente centimètres.

Quand le nid fut creusé, elle pondit une quinzaine d'œufs qu'elle disposa en rond, puis les recouvrit de sable, délicatement. Le soleil allait réchauffer le sable et les œufs, et peut-être, un jour, un bébé tricératops émergerait-il.

Les deux mâles paissaient non loin de là. Le plus jeune s'approcha du nid.

Lorsque la femelle l'aperçut, elle s'avança et, pour protéger ses œufs, inclina la tête et menaça l'intrus. Mais le mâle trop curieux s'approchait toujours. La femelle se rua sur lui, le pressa. Elle ne s'arrêta que lorsqu'il eut rebroussé chemin.

Auparavant, quand le troupeau comptait de nombreux animaux, les femelles creusaient leur nid côte à côte. Elles se relayaient alors pour surveiller les œufs, trouver de quoi manger et dormaient tour à tour. Mais la femelle tricératops était seule désormais. C'était son rôle de tenir éloignés les gros maladroits et de protéger ses œufs contre tous les dangers. Elle devait se méfier surtout des petits rongeurs qui sortaient la nuit.

Deux jours plus tard, l'odeur de fumée revint, une odeur imperceptible, lointaine, qui rendait les trois animaux de plus en plus anxieux. La femelle montait la garde auprès du nid.

Quelques heures passèrent, puis un épais nuage de fumée s'éleva sur la berge opposée. D'immenses flammes s'élançaient vers le ciel.

Une volée d'oiseaux déboucha au-dessus d'eux en poussant des cris d'alerte. Les mammifères, que le danger enhardissait, osaient quitter leurs cachettes et fuyaient loin du feu. Les deux mâles s'écartèrent du danger, mais la femelle resta sur place pour protéger ses œufs.

Au milieu de la fumée, au milieu des grandes ombres de la forêt, quelque chose bougea. Une taille immense, comme celle des plus grands arbres, une énorme tête… c'était lui, le tyrannosaure rex. Le géant carnivore sortit de la forêt. Il fit claquer ses terribles mâchoires et découvrit ses incisives de dix-huit centimètres.

Instinctivement, les deux mâles rejoignirent la femelle. Avec elle, ils formèrent un demi-cercle pour faire rempart au nid. Le chef de la troupe inclina la tête et fixa l'ennemi. Ils s'observèrent, face à face, immobiles.

En temps normal, un tyrannosaure n'aurait pas attaqué un tricératops, encore moins une femelle défendant son nid. Mais un mur de chaleur et de flammes avait coupé toute retraite à celui-ci, et depuis des semaines, il errait, affamé.

Le tyrannosaure s'élança, puis brusquement il freina son élan, s'arrêta et se mit à tourner autour de la troupe, l'œil aux aguets, attendant le moment propice pour frapper. Mâchoires grandes ouvertes, il avançait des dents terribles. Mais le grand mâle tricératops se rua sur lui. En un instant, ses muscles puissants le portèrent près des flancs de son adversaire.

Le tyrannosaure, en s'aidant de sa queue immense et de ses pattes trapues, bondit de côté et évita les cornes pointues. Il virevolta, attaqua de toute sa hauteur, et, ouvrant ses monstrueuses mâchoires, il planta ses dents dans le dos du tricératops.

A son tour, le jeune mâle tricératops se rua sur le géant, mais le malheureux manquait d'expérience. D'un coup sec, les dents du tyrannosaure se refermèrent sur son cou et lui emportèrent un grand lambeau de chair. Le jeune mâle tricératops s'abattit, mourant.

Le grand tricératops essaya de revenir à la charge, mais sa patte droite était blessée, ses mouvements trop lents. Cette fois encore, le tyrannosaure évita l'assaut. Puis, en prenant appui sur sa queue, il se propulsa sur son adversaire pour l'achever. Ses dents plongèrent dans la chair du tricératops pendant qu'il lui déchirait le ventre avec ses griffes. Ensemble, ils roulèrent au sol, se frappant et se mordant furieusement.

A cet instant, la femelle tricératops bondit sur le tyrannosaure et lui perça les flancs. Le géant hurla de douleur et lâcha le mâle qu'il tenait. La femelle, le poussant alors de toutes ses forces, le cloua contre un arbre en enfonçant ses cornes.

Elle s'éloigna un peu, ne quittant pas des yeux l'ennemi, prête à charger s'il s'était relevé. Mais les pattes et la queue du géant frémissaient faiblement. Il ne respirait qu'à grand-peine. Enfin, dans un spasme violent, le grand tueur agonisa.

Pendant le combat, le feu s'était étendu, dansant, bondissant d'arbre en arbre. Il atteignit bientôt les alentours du nid. Il fut vite dans les roseaux.

Le grand mâle tricératops rassembla ses forces pour se lever, mais ses pattes s'affaissèrent sous lui. Il se traîna sur quelques mètres avant d'abandonner. Ses blessures étaient trop sévères. Un nuage de fumée l'enveloppait et l'étouffait déjà.

La femelle revint sur ses pas pour protéger ses œufs. A quelques mètres, un arbre s'effondra, projetant un tourbillon d'étincelles. Puis, tout près, un buisson s'embrasa. La femelle le chargea rageusement et le tailla en pièces à coups de cornes.

Le rugissement des flammes devenait assourdissant. La chaleur et la fumée n'étaient plus supportables. La femelle fut contrainte d'abandonner ses œufs pour aller respirer.

Elle s'éloigna peu, et revint très vite vers eux. La fumée lui brûla la gorge et lui piqua les yeux. Elle agita la tête, se débattit pour chasser l'asphyxie. Mais elle dut reculer, encore et encore. Bientôt le nid fut hors de vue.

Les petits mammifères se précipitèrent sur le nid. Au ras du sol, la fumée n'était pas si épaisse. Ils se hâtèrent de creuser et de déterrer les œufs pour les dévorer. Quand le feu s'approcha d'eux, ils détalèrent tous.

La femelle tricératops s'élança au galop à travers la forêt. Elle s'arrêtait souvent, regardant derrière elle en direction du nid. Mais elle ne voyait qu'un mur de flammes et de fumée. Elle finit par se résigner.

Une flammèche vint lui lécher la peau. Elle repartit au grand galop, se frayant un chemin à travers les branches et la végétation, bondissant hardiment par-dessus les troncs abattus. Le feu courait derrière elle. Elle déboucha sur une corniche surplombant un puissant cours d'eau.

Les eaux étaient sombres et profondes, des branches d'arbres et des racines flottaient près des berges. La femelle chercha une autre retraite mais les flammes allaient l'encercler. Elle hésita un instant puis se précipita dans les flots.

Elle nagea désespérément pour échapper au feu. Les courants l'aspirèrent vite et l'entraînèrent au loin. Elle se débattait pour respirer et garder la tête hors de l'eau. Ses pattes fouettaient les flots sans répit. Enfin, elle sentit sous ses sabots le fond de la rivière.

Epuisée, haletante, elle se hissa sur la terre ferme. Le feu était là-bas, loin d'elle, stoppé par les flots. Elle était sauvée. Autour d'elle, elle vit des bandes de mammifères en fuite qui venaient d'aborder.

L'air se refroidissait, la lumière avait baissé. Une buée légère sortait des naseaux de la femelle tricératops.

Elle hocha la tête et grogna. Ces derniers jours, elle n'avait pas beaucoup mangé. Elle avait besoin de plantes fraîches et d'herbe tendre.

... Et puis, n'y avait-il pas, dans les profondeurs de la forêt, un autre troupeau de tricératops, un troupeau qui pourrait l'adopter ?

A petits pas, pendant que le soleil déclinait, la femelle tricératops s'enfonça dans la brousse et commença sa longue recherche.

Une heureuse évolution

IL EST TRISTE de penser à la fin des dinosaures. Mais nous avons des raisons de nous consoler. Nous savons qu'ils furent d'extraordinaires survivants, occupant toutes les terres du globe, capables de changer leur mode d'alimentation et de s'adapter à l'évolution des climats, et cela, pendant des millions d'années.

En se penchant sur les raisons de leur disparition, les hommes feront probablement de nombreuses découvertes qui les aideront à mieux comprendre la Terre. Etudier la vie quotidienne des dinosaures peut nous apprendre à ne pas disparaître.

En réalité, il ne faut pas considérer cette disparition comme un point final. Nous dirons plutôt que ce fut le début d'une heureuse évolution. Les scientifiques admettent que les craintifs mammifères ont d'avantage apprécié la planète après cette disparition. Ils sont alors sortis de sous leurs buissons et descendus du haut des arbres. Avec le temps, leur nombre s'est accru. Ils entreprirent l'exploration du globe.

Le temps des dinosaures pouvait bien avoir disparu, le temps des mammifères, lui, fêtait ses débuts.

Les tricératops

SOMMES-NOUS SÛRS et certains que le dernier des dinosaures était bien un tricératops ? Rien ne l'affirme à cent pour cent.

Des milliers de fossiles de dinosaures ont été découverts et étudiés, mais ils ne représentent qu'un petit nombre des dinosaures qui ont existé.

Jusqu'à ce que tous les fossiles soient déterrés, il sera difficile d'élire «le dernier dinosaure», aussi difficile que de déterminer les raisons de sa mort.

Malgré tout, le tricératops reste le candidat favori.

C'était un animal imposant et puissant. Sa taille pouvait atteindre dix mètres de longueur et son poids dépasser les cinq tonnes. Un tiers de sa masse était constitué par une énorme tête, plantée de trois longues cornes pointues. Et ce n'est pas tout. Le tricératops possédait une formidable pointe de vitesse. Les spécialistes estiment qu'il pouvait charger à cinquante kilomètres à l'heure. Quelle tête feriez-vous si l'un d'entre eux voulait vous attraper ?

Un tricératops était à lui seul un remarquable combattant, mais, seul, il ne l'était pas souvent. Les scientifiques pensent que ces animaux erraient par troupeaux de cinquante têtes et quelquefois plus. Même le plus terrifiant des tyrannosaures n'aurait pas osé s'attaquer à une troupe de tricératops déchaînés.

Une autre raison, peut-être plus essentielle, a favorisé leur si longue survie : la forme de leur bouche. Un tricératops possédait un bec aiguisé comme un rasoir, une dentition robuste et des mâchoires aux muscles puissants. Il pouvait dévorer une grande variété de végétaux, même les branches et les feuilles les plus filamenteuses et les plus coriaces. Bien sûr, de nombreux autres dinosaures, herbivores eux aussi, vivaient autour de lui. Mais ces derniers ne se nourrissaient que d'une ou de deux plantes particulières. Lorsque ces végétaux se transformèrent ou disparurent, ces autres dinosaures moururent.

En regardant la représentation d'un tricératops, nous sommes tentés de dire qu'il était plutôt lourd, maladroit, curieusement bâti. Sans doute, mais herbivores tranquilles savaient se montrer terriblement efficaces, capables, quand on leur cherchait querelle, de se transformer en bêtes de combat agiles et féroces.

Si un animal a eu la capacité d'être «le dernier des dinosaures», c'est bien lui, le tricératops.